AF218377

UN DÍA EN LA VIDA
MUERTE DE CUATRO SECRETARIOS
GENERALES DEL PCE

última línea
de ensayo

Victor Manuel Hernández Ingelmo

UN DÍA EN LA ~~VIDA~~
MUERTE DE CUATRO SECRETARIOS
GENERALES DEL PCE

Prólogo de Eva García Sempere

Primera edición, marzo de 2025

f www.facebook.com/EditorialUltimaLinea

X @EdUltimaLinea

ISBN: 978-84-18492-90-7
Depósito legal: MA 98-2025
THEMA: JPFC

Impreso en España — Unión Europea

A Marco Humberto.
Esperando a que vinieses nació esta obra

ÍNDICE

¡SEAMOS VENGANZA DE SUEÑOS ROTOS!

Eva García Sempere

Secretaria de Organización de Izquierda Unida

Tienes entre manos una obra de teatro, una introducción a la historia del Partido Comunista de España, un repaso por alguno de los hitos más importantes del siglo XX (y XXI) y una especie de semblanza biográfica de cuatro Secretarios Generales del PCE y de sus desavenencias. Pero, ante todo, tienes en las manos una obra profundamente irreverente y divertida.

Porque reconozcamos que imaginar a cuatro SG del PCE en un purgatorio en el que se trabaja, y mucho, y donde a cada cual según sus necesidades y de cada cual según sus capacidades, no deja de ser una curiosa forma de empezar. Y donde el tiempo, aquello que por definición nos han arrebatado a la clase obrera, tiene su importancia... relativa. Bueno, y es que todo es bastante relativo en el purgatorio que nos muestra el autor.

La seriedad de Anguita, el recién llegado a este mundo que nos va introduciendo en cada uno de los 3 capítulos, con sus excursos el mismísimo Marx, la retranca de Carrillo, Dolores poniendo paz entre todos y Pepe Díaz siguiendo con el mismo estajanovismo que tuvo en vida, son las figuras sobre las que gira la historia. Y junto a cafés, desayunos e iniciación a empleos hoy casi extintos, se hablará de Paracuellos, de Podemos, del eurocomunismo, de Unidad Popular o, en sentido más estricto, de las muchas unidades populares que se intentaron a lo largo de la historia de nuestro Partido y de muchos otros momentos que se reflexionan a la luz de años y de la perspectiva que da la muerte y el tiempo.

Escribir sobre la historia del Partido desde el otro lado de la vida no creo que sea solo una licencia poética de autor, ni la excusa para enlazar con 'Marx en el Soho' y traernos reflexiones de una de las personas más importantes en nuestra historia y, probablemente, menos leídas. Que algo de todo habrá, por supuesto.

Tiene, creo, mucho más que ver con la necesidad reflexionar sobre periodos pasados, muertos, tan muertos como dicen algunas malas lenguas que está el comunismo, y arrojar luz sobre el presente y el futuro. No están muertos: siguen trabajando, reflexionando y discutiendo, ya no con la urgencia de los tiempos que apuran, sino con la urgencia histórica que tiene la clase obrera de la que son y somos parte.

Este libro puede y debe tener muchas lecturas. No se confíen en que se trata de una lectura ligera, aunque sea muy fácil leerlo y pasar un rato divertido: detrás de cada chascarrillo entre los protagonistas hay muchas horas de investigación y búsqueda de fuentes fiables para contar, a veces, cosas que no se han contado. O no lo suficiente.

Pero para mí, sobre todo, es un canto a la esperanza desde el profundo convencimiento de que todo está perdido. Todo está muerto.

Porque, como diría Wilde: «todos estamos en la cuneta, pero algunos de nosotros miramos a las estrellas». Y, después de años de derrotas y en la urgencia histórica que nos da nuestra clase, no podemos menos que ser venganza de sueños rotos.

Y esa venganza será hermosa.

SALUDA KARL MARX

KARL MARX: Hola. Otra vez me vuelven a molestar. Otra vez vuelven a sacarme a la palestra. Desde aquella obra *Marx en el Soho* no había vuelto a salir de mi retiro. Tranquilos hoy no va de mí, o al menos no va de mí sólo. Hoy me traen aquí para que les haga de coro griego. Los griegos, gente peculiar, siempre requerían que al inicio de cada acto un coro cantando en verso les contara lo que iba a suceder. No se asusten, cantar sólo lo dejo para mis íntimos.

Hoy a ustedes se les va a mostrar por una ventana las aventuras y desventuras de cuatro Secretarios Generales del Partido Comunista que una vez muertos están compartiendo piso, hogar y ocupaciones entre sí. A mí tampoco me han explicado mucho si lo que vamos a ver es un purgatorio, un Shangrilá o un paraíso terrenal. Creo que no es nada de eso.

Perdonen que les vaya adelantando lo que sucede. Al igual que en el teatro griego, siempre al principio de cada acto aparece alguien que cuenta la aventura o desventura que ustedes los espectadores van a contemplar. En este caso me escogen a mí.

He oído que no hace mucho se fue el gran ex-Secretario General del Partido Comunista y fundador de Izquierda Unida, Julio Anguita. Hombre de principios, el último gran comunista. Creo que es la primera persona que se arregla tanto la barba y del cual tengo una opinión tan benévola. Pues bien, este primer acto se sitúa en los primeros días de Don Julio más allá de la vida.

Ay, los españoles, ya me lo recordaba mi yerno Paul, «los españoles llevan la explosión en su pecho». Mis escritos sobre España apenas se han leído, aunque si le digo la verdad, a mí no me leen mucho. Sí, sí, que después de la Biblia el *Manifiesto Comunista*, que Carlitos Marx es el único autor a partir del cual cientos de miles de autores se han hecho -istas de ese autor, etc. —*recalca pronunciando de una manera graciosa*— Maaaarxistas. Pero en realidad leen a los que leen que dicen que me han leído, pero que realmente se lo ha contado alguien que sí que me leyó. Pero volvamos a España. Escudriñando el siglo XX el PCE seguro que está entre los diez PCs más importantes del mundo. Aquel '¡No Pasarán!', las Brigadas Internacionales, el cuartel de la montaña, la Pasión de la Pasionaria... Bueno, ya voy aventurándome a nombrar a los protagonistas de esta obra. No se crean que esta obra va de Julio Anguita, para nada. Esta obra, tal y como reza su título, es «Un día en la vida, o en la muerte de cuatro secretarios generales comunistas».

Dolores Ibarruri, ¡Qué mujer! En una época donde era imposible ver mujeres dirigentes, ahí estaba ella, vasca recia y fuerte. Iba al frente a punto de caer con un megáfono, decía que le peinaban las balas y mala leche, tenía mala leche. Esas alpargatas y ese chal todavía se recuerdan en los frentes.

Aunque el primero fue Pepe Díaz, quizá el menos conocido, pero para mí, mi favorito. Un panadero ex-anarquista que se da cuenta que es el Estado lo que hay que tomar. Es mi favorito, no por panadero, sino porque entendió que la Historia requiere de visiones llanas desde los campos, desde las plazas. Se le tiene como el más limitado intelectualmente, pero yo creo que no. La inteligencia es también sentir en las papilas que va a llover —*se para y respira con los ojos cerrados*— y eso Pepe lo tenía. Luego está Santiago. Santiago Carrillo si fuese un animal sería un zorro. Astuto, muy astuto. Resistió todo. Pelotón de fusilamiento, muerte de hermanos por hambre, traición del padre, exilio, acusaciones de Paracuellos, enfrentamiento con Breznev, acusaciones de traición, expulsión de su partido, etc. Todavía se le podía ver andando despacito y haciendo su maratón de cigarrillos de una manera reposada. Carrillo, el introductor del eurocomunismo para fuera pero el estalinismo para dentro, el que quería ser ministro de Suárez. Un verdadero hombre del siglo XX, de ésos que llorar o la victimización la dejan para la alcoba.

Comenzamos el primer acto, de madrugada. Horas antes de que salga el sol. Esta gente madruga mucho, mucho.

CAPÍTULO I

EL DESPERTAR

De madrugada y recién levantados. En una cocina propia de los años 70 con una mesa en medio de la estancia. Ambiente austero pero digno. José Díaz prepara el desayuno a espaldas

JOSÉ/PEPE DÍAZ: ¡Dolores!, ¡Dolores! El café y los huevos están listos.

DOLORES IBARRURI: ¡Voy Pepe!, ¡ya voy! —*aparece Dolores en la cocina*—. Andaba arreglando la habitación de Julio. Cuatro semanas ya y no aprende que aunque el suelo parezca lucir limpio y tenga esa costumbre de hacer la cama a mediodía, aquí las cosas no son así. Si tiene salero para levantarse a las cuatro de la mañana para irse a nadar, también lo tiene que tener para que su habitación esté arreglada.

JOSÉ/PEPE DÍAZ: Tampoco exageres mujer. El hombre es limpio y ordenado. Y además, ¡Tiene método!

Yo me he quedado sorprendido porque al decirle que aquí se madrugaba mucho, él me contestó que pensaba madrugar mucho más porque tiene costumbre de irse a nadar antes de desayunar. No le importó saber que aquí no había esas piscinas climatizadas que hay en Córdoba. «Iré a probar al lago», me dijo el 'Camarada', y con este frío.

DOLORES IBARRURI: De todas maneras, ahora está con la excitación de lo nuevo. Julio ya ha estado visitando a los suyos, apenas ha tenido tiempo para preguntar en detalle sobre todo esto.

JOSÉ/PEPE DÍAZ: Recuerdo cuando llegué yo por aquí, no me podía creer que después de la muerte había algo.

DOLORES IBARRURI: Y mucho menos, algo como esto.

(José Díaz va poniendo la mesa y sirviendo huevos en platos colocados encima de la encimera).

JOSÉ/PEPE DÍAZ: Anda, vete a llamar a Santiago, que a mí me gusta desayunar con tiempo, sin prisas.

DOLORES IBARRURI: ¿Y Julio?

JOSÉ/PEPE DÍAZ: Déjalo, mujer, ya vendrá, tiene que aclimatarse poco a poco a estos horarios.

DOLORES IBARRURI: ¡Santiaago! ¡El desayuno está ya listo!

(aparece Santiago Carrillo, mira el cuadrante de la pared de tiza)

SANTIAGO CARRILLO: Hoy me toca a mí recoger el desayuno, ¿no?

DOLORES IBARRURI: Sí.

JOSÉ/PEPE DÍAZ: El cuadrante no cambia desde hace meses, Santiago.

SANTIAGO CARRILLO: Ahora habrá que meter uno más.... o es que pensáis extender las vacaciones de bienvenida de Julio ad infinitum.

DOLORES IBARRURI: Santiago, ya sabes que llegar aquí de primeras no es fácil.

SANTIAGO CARRILLO: Pues a él no se le ve del todo mal.

DOLORES IBARRURI: Me refiero a acostumbrarse a todo.

(*Santiago se sienta en la mesa para desayunar, coge un periódico doblado a la mitad, lee en voz alta el titular de la portada*).

SANTIAGO CARRILLO: «China en el 2035 pretende ser la primera economía mundial, duplicando su economía y prevé ser un país socialista en el 2050».

DOLORES IBARRURI: Y decían que estábamos muertos.

SANTIAGO CARRILLO: ¡Hombre, Dolores!... Muy vivos tampoco estamos. ¿Quien sabe cómo acabaremos juzgando a los chinos? ¿Te acuerdas, Pepe, de Zhou Enlai?

JOSÉ/PEPE DÍAZ: Claro, el gran Zhou Enlai.

SANTIAGO CARRILLO: Ahora le podemos decir a él la frase que siempre le han atribuido decir en 1972 y que él niega haber dicho.

JOSÉ/PEPE DÍAZ y SANTIAGO CARRILLO (*a la vez*): «¡Es todavía pronto para juzgar las consecuencias de la Revolución Francesa!».

JOSÉ/PEPE DÍAZ: En este caso es verdad. Es todavía pronto para saber si Deng Xiaoping tenía el socialismo en mente. Zhou Enlai era nuestro contacto chino en la Tercera Internacional, en la Komitern. Cuando al principio nadie conocía a Mao, nosotros en la Internacional tratábamos con Zhou Enlai. De hecho, ya en el 39 estando trabajando en la Unión Soviética para el Komitern le advertí al camarada Zhou que no se fiasen del Kuo-Mintang, que aunque había que luchar por la unidad, que no les pasase lo mismo que a nosotros con el general Casado, que nos dio un golpe para pactar con Franco una rendición.

SANTIAGO CARRILLO: Sí, pero Mao se volvió loco en los 60. A los chinos la verdad es que es difícil entenderlos. Cuando acabaron conspirando contra la URSS, hubo incluso malas lenguas que decían que a lo mejor hasta buscaban acuerdos con Franco para debilitarnos.

DOLORES IBARRURI: ¿Y si ahora resulta que los chinos acaban siendo socialistas de verdad? Yo lo de Deng Xiaoping me lo tomé como una claudicación, pero ya no sé, ahora todo es más complejo. En Rusia había algunos que decían que la vía que estaban explorando los chinos era el socialismo de Bujarin.

JOSÉ/PEPE DÍAZ: Asia es otro mundo, camaradas. Cuando viajé a la India por temas de la Internacional me quedé abatido de todo lo que vi. Miseria, suciedad y alienación religiosa también. Vi el coraje de nuestros camaradas que vivían constantes represiones, batallas y refriegas. Mi predicción es que los bisnietos de los compañeros que están hoy escribiendo y luchando se asombrarán de que en las primeras décadas del siglo XX se vea la India como algo más humano que el sistema chino. No me voy a hacer pro-chino, pero haber sacado a tantos millones de trabajadores de la miseria y pasar del hambre a la primera economía mundial no se hace de cualquier manera.

SANTIAGO CARRILLO: ¡Pero Pepe! ¿Y para esto vinimos? ¿Para esto luchamos? El sistema chino descansa en las espaldas de los trabajadores chinos, muchos son y han sido casi esclavos. El club con más multimillonarios del mundo es el Partido Comunista Chino.

JOSÉ/PEPE DÍAZ: Todavía es pronto para juzgar, Santiago.

DOLORES IBARRURI: Venga, tomaos el café, no hay un desayuno tranquilo.

(*Entra Julio Anguita con un macuto*).

JULIO ANGUITA: Hola, ¡Buenos días!

DOLORES IBARRURI: ¿Qué tal el nado hoy? No sé cómo puedes. Hace un frío polar.

JULIO ANGUITA: Esto me despierta y dicen que es bueno para el corazón. Aunque a decir verdad me lo tomo diferente que el nado que hacía en la piscina climatizada. Aguanto menos tiempo.

JOSÉ/PEPE DÍAZ: Venga, Julio, el que hace el desayuno lo sirve de una pero llegas tarde. Ahora te toca a ti servirlo.

JULIO ANGUITA: ¿Sois algo cuadriculados aquí, no?

DOLORES IBARRURI: Y acabas de dar con el más relajado, que es Pepe, que para eso fue anarquista.

(*Ríen*).

SANTIAGO CARRILLO: Hablábamos de China. Hoy en el periódico avisan que para el 2035 será la primera potencia mundial y para el 2050 un país socialista.

JULIO ANGUITA: No me creo nada, de todas maneras me importan más el porqué avanza la ultraderecha en España que el rompecabezas chino.

DOLORES IBARRURI: Ay, Julito, cómo se nota que no estuviste en la Tercera.

JULIO ANGUITA: ¿En la Tercera?

DOLORES IBARRURI: En la Komitern, en la Tercera Internacional. Ahí nos acostumbramos a pensar en el mundo.

JOSÉ/PEPE DÍAZ: Bueno, en la revolución mundial.

SANTIAGO CARRILLO (*Mirando a Dolores y José Díaz*): Su liderazgo que vino después del mío ya fue otra cosa. Julio a su manera inauguró el período postsoviético. No me trataste bien, de hecho se puede decir que me echaste, pero aun así te debo dar las gracias.

JULIO ANGUITA: Santiago, creo que ya dejamos claro la primera noche con la botella de anís de testigo que era necesaria una coexistencia pacífica, o sea que no me provoques.

SANTIAGO CARRILLO: Lo digo en serio, tómalo como gesto de reconciliación. Cuando a Thatcher le preguntaron cuál era el legado más importante que dejó para el futuro, ella dijo «Mi mejor producto es Tony Blair». Yo diría lo mismo. Mi mejor legado fue Julio Anguita.

JULIO ANGUITA: Estás delirando, Santiago. Te opusiste desde fuera a la formación de Izquierda Unida. Siempre viste como algo inútil la convergencia desde abajo que teníamos con grupos cristianos, ecologistas y pacifistas.

SANTIAGO CARRILLO: Eso son pequeños detalles, tan ciertos como irrelevantes, pero el haber roto con Moscú a tiempo y la idea del Eurocomunismo fue lo que te dejó un terreno fértil para tu califato.

JULIO ANGUITA: Tus piruetas, Santiago, siempre han sido monumentales.

SANTIAGO CARRILLO: En el 68 todavía teníamos miles de camaradas en las cárceles, en la Dirección General de Seguridad torturaban a nuestros luchadores clandestinos a diario y ahí tuvimos la valentía de decirle a Moscú públicamente que lo que hicieron en Praga nos colocaba fuera de su órbita. ¿Crees que fue fácil? Si en esos momentos nos caza el régimen nos fusila a los dos (*señalando a Dolores*).

DOLORES IBARRURI: Es verdad que ese movimiento tan duro como necesario no se reconoce lo suficiente. Os dejamos a los jóvenes sin grandes deudas ni con Moscú ni con la Historia. Y yo enterré un hijo en Stalingrado. Para nosotros, después de huir del fascismo y ser perseguidos, Moscú fue una libertad, pero ya callamos demasiado con lo de Hungría en el 56.

JULIO ANGUITA: Vuestro acierto ahí en el 68 no os lo quita nadie, pero Santiago ya te expliqué que eras un Eurocomunista para afuera pero un verdadero stalinista con los tuyos en tu partido.

SANTIAGO CARRILLO: Pero ¿¡cómo te atreves...!?

(*Tensión*).

JOSÉ/PEPE DÍAZ: ¡Basta ya, señores! Venga, Santiago, que te toca recoger el desayuno. Mientras le iremos explicando a Julio que hoy es día de mercado y hay que ir enseñándole a trabajar.

(Santiago va recogiendo platos y sartenes de la encimera).

JULIO ANGUITA: ¿Cómo? Me dijisteis que hoy no hiciese planes, pero no me imaginaba que íbamos a un mercado.

JOSÉ/PEPE DÍAZ: Sí.

JULIO ANGUITA: Pero esperad un momento... antes de que comiences a explicarme sobre el mercado y el trabajo y todo eso. ¿Dónde estamos? ¿Cuándo me vais a decir de qué va esto? Yo he muerto y esto, de paraíso no tiene pinta, se parece demasiado a... ¿La Tierra? ¿La vida antes de la muerte? no sé cómo tengo que llamar a esto.

(Se miran todos).

DOLORES IBARRURI: Es complicado.

SANTIAGO CARRILLO: Muy complicado.

JOSÉ/PEPE DÍAZ: Ya irás enterándote poco a poco de cómo funciona esto. No pierdas el tiempo buscándole un nombre o una definición. Los que fallecemos venimos aquí y la explicación de dónde estás dependerá de a quién se lo preguntes. ¿Qué te han dicho tus padres o tu hijo?

JULIO ANGUITA: Pues algo parecido, que no pierda mucho el tiempo en esas preguntas pero que empiece a aclimatarme a estar aquí. Mi teoría es que esto es un purgatorio.

SANTIAGO CARRILLO: Para ir ¿a dónde?

JULIO ANGUITA: Eso me lo podéis decir vosotros.

(Se sonríen y miran con una mezcla de dulzura y lástima).

DOLORES IBARRURI: Nadie sabe exactamente, Julio, qué pasa con los que mueren en esta vida. Está claro que duramos mucho más. Hay diferentes teorías o acercamientos, pero necesitas tiempo.

JULIO ANGUITA: Pe, Pe ppeero... *(Julio es interrumpido tajantemente).*

JOSÉ/PEPE DÍAZ: Bueno, vamos a lo práctico: verás, estas mañanas has estado yéndote a visitar familiares y amigos, por eso no has podido acompañarnos, pero es importante que sepas que aquí todos trabajamos.

SANTIAGO CARRILLO: Disponemos de unos puestos en el mercado local, hacemos jornada continua.

SANTIAGO CARRILLO: Yo soy afilador, Dolores talabartera y José Díaz es zapatero remendón.

JULIO ANGUITA: ¿Afilador? ¿Talabartera? ¿Zapatero? pero si estos oficios están casi extintos. Pepe, ¿tú no eras panadero?

JOSÉ/PEPE DÍAZ: El horno del obrador me aislaba de la gente. Aunque me conocían como el panadero de la Macarena, ahora remiendo zapatos.

DOLORES IBARRURI: Estos oficios todavía funcionan aquí. A ti de momento te va a tocar aprender un poco de los tres. No sabemos cuánto estaremos nosotros por aquí y es útil saber algo de estos oficios para que lo pases a los siguientes que vengan.

SANTIAGO CARRILLO: Pero esperad, esperad no vayáis tan rápido. (*Carrillo mira el reloj*). ¡No es tan tarde! Hoy me toca a mí recoger y dejar lista la cocina después del desayuno, pero ¡un momento! Todavía nos queda café, tiempo y reflexión de primera madrugada. Aquí, Julio (*cogiéndole del brazo y mirando al suelo*), a diferencia de unos monjes cartujos, nos levantamos tan temprano para poder tomarnos un café más o menos tranquilo y expiar nuestros pecados.

JULIO ANGUITA: ¿Qué quiere decir? (*Mirando a Dolores*).

SANTIAGO CARRILLO: Quiero decir que a mí me gusta hablar de la Historia, de nuestra historia. José me ha mandado a fregar para que no discutamos demasiado, pero qué sería de nosotros sin la discusión. Cada vez que vienen dirigentes de nuestro glorioso partido, me gusta examinar la Historia con ellos. (*Mirando fijamente a Julio*).

JULIO ANGUITA: ¡Ja! No me extraña, Santiago, antes de tu muerte se publicaron tres biografías y cada una enmienda a la siguiente.

SANTIAGO CARRILLO: A eso me refiero. Sobre mi vida se han publicado extensas investigaciones. Investigaciones duras, muchas esclarecedoras. La triste desgracia de Paracuellos ha dado una copiosa paracuellología. El veredicto histórico es que fui negligente, responsable pero nunca comendador de aquella masacre. Asumí que el no ser inocente puede que te hiciese algo culpable. Mis confesiones son públicas y fueron grabadas en cada aparición mía en medios. Hasta la última de mis entrevistas con Pablo Iglesias asumí el papel que tuvo la persecución de la quinta columna en medio de la Guerra de España. No he tenido grandes problemas en asumir cosas feas. Lo que me turba es dejar la imagen de alguien que se ha preocupado demasiado por la suya. Eso no es verdad, si fuese así no hubiese asumido todo lo que he asumido públicamente.

DOLORES IBARRURI: Eso ya que más da, Santiago.

SANTIAGO CARRILLO: ¿Lo dices tú, Dolores, que sigues saliendo en spots electorales del 2014, o acaso tú José Díaz donde la Unión de Juventudes Comunistas de España hacen camisetas con tu nombre y reeditan tus discursos?

JULIO ANGUITA: Todo lo que yo te reprocho, Santiago, se limita a cómo llevaste el partido desde la legalización en adelante. Se acabó el debate, nos enteramos de tus decisiones por la prensa. Expulsaste a camaradas que habían pasado una clandestinidad difícil. Te veías ya de ministro con el PSOE o incluso con Suárez en un gobierno de concentración. De lo de antes yo no te reprocho nada, yo me afilié en el 72 y estaba en Montilla. De 300.000 militantes pasamos a poco más de 20.000.

SANTIAGO CARRILLO: Un partido tiene que estar con su secretario general y con su comité central. Los que expulsé en esa época era porque estaban fuera de la política aprobada. En este partido los galones no dan inmunidades. Si fuese así, acabaríamos creando castas a partir de martirologios. Militar en el Partido Comunista no es obligatorio, no es para cualquiera. ¿Sabes cómo recibimos a los camaradas supervivientes de Mathausen?

JULIO ANGUITA: ¿Cómo?

(*Dolores levanta la mano extendiendo la palma de la mano, parando la conversación para poder intervenir*).

DOLORES IBARRURI: Todavía me acuerdo. Les recibimos con interrogatorios para averiguar cómo y por qué habían sobrevivido. La experiencia era tan dura que era casi imposible sobrevivir sin fruto de la suerte, la prevaricación o la organización. Eso no lo dijimos nosotros, el mismo Primo Levi lo escribió. Incluso Semprún cuando nos odiaba reconoció esto.

SANTIAGO CARRILLO: Los mismos supervivientes sabían de qué hablábamos.

JOSÉ/PEPE DÍAZ: Poco a poco, Santiago, la Historia hay que seguir examinándola. A mí se me colgó el Sambenito de ser poco ilustrado, Azaña contribuyó a ello. A mí me da igual, mi obra no está escrita en libros, mi obra fue la ayuda a la unidad. Aunque lo que más le molestaba a algunos del Frente Popular era que no escondiera mi acento sevillano.

DOLORES IBARRURI: Y que más de un par de veces cuando se te proponía algo que no te gustase tenían que sacarte entre tres de la estancia porque te liabas a guantazos.

(*Ríen*).

JOSÉ/PEPE DÍAZ: Eso fue sólo con Azaña, cuando en el culmen de la resistencia con el Frente en Ciudad Universitaria quería negociar una rendición.

DOLORES IBARRURI: Esos días íbamos con los jóvenes de la JSU a ayudar en el frente y a arengar a la resistencia. Lo hacíamos mientras silbaban las balas. Compartimos rancho entre sacos terreros. En esos días el valor era el oxígeno que nos hacía seguir. Todo el gobierno se mudó a Valencia, pero ni un dirigente comunista abandonó la resistencia en Madrid.

JULIO ANGUITA: Eso era ejemplo, Dolores, yo lo he intentado. Vivir como se predica y predicar lo que se vive. Quizá ese será mi legado. Mi obra fue la coherencia.

SANTIAGO CARRILLO: Tú renunciaste a una pensión vitalicia, Julio. Yo con 15 años ya estaba en la cárcel compartiendo pabellón con mi padre y Largo Caballero. Al estallar la guerra me detuvieron en San Sebastián y nos libramos en el mismo pelotón de fusilamiento por una amistad del camarada donde iba. Con todos mis respetos, no tenéis ni idea de lo que era ser consecuente.

JULIO ANGUITA: ppppee (*Julio contrariado*).

SANTIAGO CARRILLO: Y de verdad, Julio, que esto no es tanto por ti como por tu generación, tus seguidores. Criticar a los viejos comunistas y desdeñar lo antiguo es más fácil que haber sido revolucionario en los treinta.

JOSÉ/PEPE DÍAZ: Santiago... Julio se va a llevar una impresión demasiado errónea. (Dirigiéndose a Julio). Cuando llegó aquí Santiago en el 2012 vino explicando ilusionado cómo el pueblo español había vuelto a despertar. Nos interesamos mucho por todo lo que salió del 15M. Recuerdo, Santiago (dirigiéndose a él), que decías que por fin nos iban a superar, iban a romper nuestro cascarón para crear algo más grande donde estemos nosotros y los demás. ¿A qué viene ahora ese pesimismo con los jóvenes? ¿Qué hubiese sido de ti, Santiago, si Mije, Dolores, Checa o yo hubiésemos sospechado de vosotros, los jóvenes en el 36?

DOLORES IBARRURI (*Inclinándose sobre la mesa mirando a Julio con interés*): Es verdad, Julio, cuéntanos cómo has vivido esta última década. Te hemos visto mucho. Aunque parecías retirado, muchos jóvenes se reflejaban en ti, en un viejo maestro comunista. Eso nos conmovió, incluso a Santiago.

SANTIAGO CARRILLO: Venga, menos sentimentalismo.

JULIO ANGUITA: La verdad es que ha sido un proceso inesperado, bastante multicolor. Después de la crisis del 2008 se tuvo que salvar a la banca privada y a cambio la población tuvo que aguantar grandes recortes. Recortes que de facto cambiaron el contrato social de la Transición. Yo lo llamé golpe económico. Se cargaron hasta el espíritu de los pactos de la Moncloa.

JOSÉ/PEPE DÍAZ: Sí, lo vimos.

JULIO ANGUITA: De repente empezando por Sol, todas las plazas mayores de España se llenaron de jóvenes impugnando el sistema. Y cuando digo el sistema también incluye a la izquierda. El movimiento estaba liderado por jóvenes que no tenían una organización estable, era todo bastante líquido. De todas maneras, la mayoría por no decir todas las consignas, las podíamos aceptar. Es verdad que había bastantes compañeros de nuestro entorno implicados, pero a buena parte de nuestros aparatos el tema les pilló con el pie cambiado. Si se pudiera condensar el movimiento en un lema, ése era el «No nos representan». Aunque el movimiento tenía una raíz 'democratista', hubiese sido demencial haber intentado cabalgarlo en solitario.

JOSÉ/PEPE DÍAZ: Dolores y yo vibramos al verlo. Ver la Puerta del Sol repleta de gente proclamando algo nuevo nos sentía muy familiar. En abril del 31 vimos que fue así. Casi ochenta años después la gente salía a la calle con ganas de gritar '¡viva el pueblo!'. En realidad vimos que la Historia no se repite de una manera tan nítida. En el 31 nuestros dirigentes, como Bullejos, daban vueltas por Madrid gritando «¡Abajo la República Burguesa!, ¡Construyamos la república de los Soviets!».

(*Risas*).

JULIO ANGUITA: No te creas que no tuvimos camaradas que lo entendieron tan mal como Burguillos, y su gente entendió la Segunda República. Aunque eso duró poco. La izquierda más consciente se puso a trabajar. Lo que hicimos en conjunto fue ir excavando un túnel que conectase las dos orillas. La izquierda necesitaba conectar con ese democratismo y el democratismo no podía avanzar mucho más sin la izquierda.

DOLORES IBARRURI: ¿Democratismo? Es la primera vez que lo oigo como categoría.

JULIO ANGUITA: De alguna manera había que llamarlo.

DOLORES IBARRURI: Bueno, perdona, sigue, sigue.

JULIO ANGUITA: La verdad es que yo ahí tenía mucha fe en los jóvenes y en esa mayoría de nuestra gente que estaba por encontrar nuevas fórmulas, nuevas maneras de encontrarse con la gente y estar al pie del conflicto. Lo malo era la organización, IU por sí sola no podía meterle bocado a esto sola. Esos meses comenzaron a salir organizaciones de nuevo tipo como Democracia Real Ya o la Plataforma de Afectados por la Hipoteca. Todo pasó bastante rápido.

SANTIAGO CARRILLO: Recuerdo la rara sensación de aquel mayo. Había elecciones y en medio de todo la mayor revolución pacífica después de la República. Volvió a ganar la derecha. IU subió algo, pero en ningún caso se le consideró para gobierno.

JOSÉ/PEPE DÍAZ: Desde aquí, que las cosas se ven bastante lejos, nos dimos cuenta que hubo unos meses donde en cada barrio la gente acudía a asambleas en las plazas para organizarse.

SANTIAGO CARRILLO: Es verdad, pero yo todavía estaba por allí esos meses. Si os acordáis a mí no me entusiasmó ese primer movimiento, era demasiado inocente, quizá se podría decir que era algo infantil. Lo que a mí me empezó a ilusionar fue la movilización ciudadana contra los recortes. El discurso de izquierda empezó a protagonizar el movimiento. La Huelga del 2012 no la vi tan mal. Se paraban desahucios por medio de piquetes que me recordaban a *Novecento* de Bertolucci. Dos meses antes de venir aquí los mineros marcharon de Asturias a Madrid y por donde pasaban les agasajaban. En todo esto, justo al venirme para acá, Julio, tú estabas con tu Frente Cívico.

JULIO ANGUITA: Aunque dejé mis cargos a finales de los noventa, siempre me mantuve activo y conectado con la política. Con la crisis empezaron a reclamar más y más para que fuese a hablar, y tras haberlo meditado mucho con mi gente del Prometeo de Córdoba, hicimos un llamamiento para crear un movimiento cívico al margen de los partidos para luchar contra el austericidio. El llamamiento excedió todas las expectativas y parecía que la gente tenía ganas de participar. No fue más que intentar impulsar la refundación de IU de la que siempre hablé. Esta vez esa refundación se iba a hacer desde fuera.

JOSÉ/PEPE DÍAZ: Entonces fue ahí donde conociste a Pablo Iglesias Turrión, ¿no?

JULIO ANGUITA: Aunque creo que ya habíamos coincidido antes, fue en esas fechas cuando empecé a ubicarle más. Tenía un programa que emitía en Televallekas pero que subían a internet. Me impresionaron esos chicos. Por otro lado, saltó a la palestra el joven Garzón. No sólo era alguien telegénico sino un chico muy leído y estudioso, como a mí me gusta. Sabíamos que ahí se estaba gestando un nuevo sujeto alrededor de IU. En realidad, ni él mismo pensaba que iban a crear un nuevo partido. Su éxito televisivo fue fulgurante y en apenas tres meses las aspiraciones de él y su gente cambiaron.

JOSÉ/PEPE DÍAZ: A mí me encantaba verlo en aquellos primeros debates. ¿Te acuerdas de Dolores cuando Pablo le dijo a Rubalcaba...?

DOLORES IBARRURI: «...Yo ni siquiera le pido a usted que sea socialista, sea al menos patriota». Eso fue en el programa de Ana Rosa. Eso fue un K.O mediático.

JULIO ANGUITA: Esos primeros años fueron ilusionantes a la par de preocupantes. No sabíamos qué iba a pasar con nosotros. Temíamos perder ese tren y quedarnos en la irrelevancia. Al principio nos marcaban estos de Podemos incluso como parte del bando enemigo. ¡Demencial!

DOLORES IBARRURI: El primer año y medio creo que estuvieron pensando en esa tesis rara de un peronismo a la española. Sin llamarlo así, claro. La lata que daban al principio con lo de «ni izquierdas ni derechas, sentido común». Ahí es cuando aparecieron camisetas de Pepe (*señalando a José Díaz*) Díaz, «la pasión por la unidad» (*señalándose el pecho de lado a lado*).

JULIO ANGUITA (*sonriendo*): Sí, ahí me volví famoso. Incluso Alberto Garzón firmó algún artículo en prensa hablando de la candidatura de Málaga cuando sacamos nuestro primer diputado comunista, Cayetano Bolívar.

SANTIAGO CARRILLO: La «Candidatura de Frente Único Antifascista» fue una verdadera revolución, los comunistas en listas unitarias. Se puede decir que los camaradas de Málaga crearon eso que se llamó antifascismo. Esto fue 1933, dos años antes de la famosa «Construcción de Frentes Populares» de Dimitrov. Por cierto, Julio, volviendo al tema de candidaturas, unidad, etc., etc. En las municipales de 2015 donde muchos podemitas vetaron a tu partido, tú mismo acabaste apoyando las candidaturas donde no estaba tu partido. Por menos de todo esto me apartaste y me echaste del partido.

JOSÉ/PEPE DÍAZ: Aunque a mí no me gusta demasiado reprochar a camaradas lo que hicieron en la otra vida, aquí Santiago tiene razón. Eso lo haces conmigo en la guerra y te mando a cavar zanjas para las trincheras. Te salvó que parece que trabajaste mucho para esa unión final.

Todavía no me explico lo que pasó en esas extrañas elecciones de diciembre de 2015 las de Unidad Popular. Podemos se negó a ir con nosotros, e Izquierda Unida lanzó un proceso de convergencia que se acabó llamando así: ¡Unidad Popular! Esa campaña en la que competimos contra un caballo ganador que era Podemos en ese tiempo fue única. Casi un millón de votos que dejaba claro que lo que representamos no se podía tirar al basurero de la Historia sin más. Esa gente, ¿qué pensaba? En realidad teniendo un programa casi idéntico, muchos se vinieron con nosotros, tiraron su voto. Era como si casi un millón de personas votasen para decirle a la gente: «ey, no os olvidéis de esto». El pacto famoso de los botellines fue fruto de esa heroica respuesta.

DOLORES IBARRURI: Nosotros mismos nos planteamos si era posible un nuevo movimiento que no se referenciase en nuestros símbolos, que no tropezase en nuestras rémoras pero que tuviese una verdadera fuerza popular y trabajadora. Nos hubiésemos quedado aquí un poco fríos.

JULIO ANGUITA: ¿Más fríos todavía? Meted más leña al fuego, anda, que fuera estamos a 2º grados.

SANTIAGO CARRILLO: No da tiempo, id acabando, que empiezo a recoger.

DOLORES IBARRURI: ¿Qué somos si no es Historia? Nosotros, el marxismo, el socialismo, el movimiento popular. ¡Venimos de muy lejos! No podemos decir que somos un programa porque hemos defendido varios. Tampoco podemos decir que tenemos el mejor método de análisis. Nos hemos equivocado muchas veces. Sólo somos eso, Historia. La Historia de los de abajo que reclaman su voz en la Historia. En el antiguo Egipto estaríamos con las Huelgas de Artesanos en el 1152 a.C., y hoy estamos con los repartidores *riders* de Glovo. El hilo rojo, de Espartaco al *Black lives Matter*. No podíamos desaparecer, nuestra causa sigue viva porque sigue la explotación.

JULIO ANGUITA: La cosa es que finalmente se creó un polo a la izquierda del PSOE que hubo un momento que parecía que podía incluso superarlo, pero, que para ser francos, ha mermado lo suyo. (*Dolores, Santiago y José Díaz se levantan y cogen abrigos*). Un momento. ¿Dónde vais? ¿Nos vamos ya? Yo todavía tengo que ducharme y acicalarme.

SANTIAGO CARRILLO: Cinco minutos te damos, Julio, tenemos que llegar a tiempo, sino nos quitan los puestos.

JULIO ANGUITA: ¿Pero dónde hay que ir? ¿Al mercado?

DOLORES IBARRURI: Ya te lo hemos dicho, Julio, cada uno de nosotros tiene un oficio en el mercado. Tendrás que decantarte por uno. Aunque es vital que lo conozcas para poder enseñarlo a los que vengan.

JULIO ANGUITA: ¿Y quién va a venir?

DOLORES IBARRURI: Pues quien tenga que venir. Camaradas, sindicalistas, vienen de muchos lados. Eso sí, al final quieren quedarse. Paco Frutos dijo que se iba y ahí está. De todas maneras para eso todavía falta.

JULIO ANGUITA: Pero ¿cuándo sabré si me quedo o me voy?

JOSÉ/PEPE DÍAZ: Eso lo decides tú mismo.

JULIO ANGUITA: Pero si no me quedo, ¿dónde voy?

DOLORES IBARRURI: Demasiadas preguntas, Julio. Tienes que ir poco a poco. Paciencia. «Los comunistas debemos tener la paciencia de ver la hierba crecer». Venga que no hay tiempo. Dúchate rápido, que hay que cargar los bártulos en el coche y encontrar aparcamiento.

EXCURSO 1º

LA TRANSFORMACIÓN

Vuelve a aparecer Karl Marx

KARL MARX: ¿Curioso, no? Vida después de que estuviésemos muertos. Yo todavía no lo tengo claro. Esto es lo más absurdo y menos científico que uno puede esperar. Extraños momentos para mí, para ustedes, para el Partido. Parece que yo, Karl Marx, voy a volver pero tampoco me acaban de decir de qué manera. Aunque eso de que yo voy a volver es todavía más absurdo que un diálogo platónico sobre cuatro ex-Secretarios del Partido Comunista de España que viven juntos en un apartamento después de la muerte. Yo no puedo volver porque estoy muerto, si acaso volverán mis ideas. (*Cara de confuso*).

Son ellas las que han creado mi espectro. Un fantasma que recorre Europa, pero ¿acaso nos reconoceríamos a nosotros mismos si fuésemos un espectro? Buff, complicado, demasiado complejo para explicarlo, aunque tampoco crean que eso no me quita el sueño. Invocan mi fantasma para luchar contra él. Sólo tenían que hablar de que alguien era Marxista para tener la potestad de asesinarle. También se han hecho barbaridades en mi nombre, negarlo es estúpido. Cuando voy dos veces en semana a la casa de mi amigo Sigmud para seguir la terapia, él al final me dice que en realidad han puesto mi nombre a procesos históricos que hubieran pasado de la misma manera. Claro, la lucha de clases siempre existió, pero desde finales del siglo XIX la llamaron socialismo.

Perdonen que me enrolle, y eso que mi amigo Freud me ha aconsejado que haga otras cosas que no estén relacionadas con la política. Debo decir que el oficio de relojero, que he aprendido aquí, me gusta bastante. Pasar el día en una trastienda caliente con unas lentes de catalejo engarzando tuercas, engranajes mientras se escucha un fino vinilo de Brahms puede ser algo terapéutico. Cuando puedo camino por las afueras donde la ciudad muere y hay bandas de chiquillos peleando. Ahora ya no hay chiquillos peleando en las afueras de sus ciudades. Pelean en las afueras de los mundos virtuales del Fornite y la PlayStation.

La PlayStation, aquí todavía no ha llegado, pero la conocemos. Seguro que ustedes han jugado a ella, o la han regalado. Si tienen hijos, negarle tener una les podría convertir en padre tiránico y caprichoso. Les contaré una historia, el lanzamiento de la PlayStation 2 se tuvo que retrasar en el 2000 por la escasez de coltán que normalmente venía de Canadá, Australia y Brasil. En ese momento se sabía que en Congo también existía ese material superconductor. Las milicias que esclavizaban niños sacaban el mineral barato y así el precio se estabilizó. Luego vinieron los Iphones, Samsung, etc. Se cree que desde 1998 han muerto 5.000.000 de personas como resultado del conflicto. Este conflicto hubiese sido imposible de entender sin la presión del capitalismo internacional por materias primas baratas. Se puede hablar de 'los muertos de la PlayStation'. Les podría decir que en los bolsillos donde llevan sus teléfonos llevan muerte. Que cuando vean a sus hijos tranquilamente jugando un partido de Fifa 2021 piensen en las niñas excavando en galerías, pero no. Al igual que me parece estúpido hablar de 'los muertos del comunismo' y de intentar cargar a espaldas de gente con buena fe cargas que no son suyas, ustedes no tienen que cargar con eso. Sólo deberíamos pensar cómo podemos tener teléfonos, móviles, PlayStations sin esclavizar y explotar a gente. Yo les diré que lo único que se me ocurre es el socialismo, pero intento hacer caso a mi terapeuta Freud y ya trato no hablar de política.

Volviendo al tema para el que me han traído, en el siguiente capítulo verán a los cuatro secretarios en sus puestos habituales del mercado. Ellos no venden simple mercancía, venden su pericia en el oficio. Un artesano en un mercado que arregla, afila o remienda es una mezcla entre comerciante y técnico. Curioso que nuestros cuatro secretarios no hubiesen intentado colocarse en una fábrica o en otros lugares. Parece que tenían claro que querían ser más o menos libres, poder hablar mientras trabajan, gestionar el tiempo como quisieran. Los cuatro suelen pasar las escasas seis horas que pasan en el mercado muy ocupados. Los clientes vienen en riadas dependiendo de los descansos y cambios de turnos en las fábricas y talleres de alrededor. Muchas mañanas sólo hablan del pasado, otras de política contemporánea y otras se limitan a estar en silencio escuchando a un matrimonio que toca música en el puesto de al lado. Hoy no han venido, una pena, a Julio le hubiese parecido curioso. Él es un judío húngaro que toca el cello, y ella una cantante de ópera checa que hace vibrar a quien la escucha. Se conocieron en un tren camino al campo de concentración de Buchenwald.

CAPÍTULO II

EL TRABAJO, EL MERCADO

(En un mercado callejero, probablemente en una plaza, Santiago Carrillo está subido a una bicicleta que no se mueve, pero activa la rueda que afila cuchillos, Dolores Ibarruri está sentada en un tajo de tres patas bastante bajo, delante de ella tiene una mesa todavía más baja llena de herramientas, cuero y monturas para arreglar. José Díaz está en otro puesto del mercado con banco y mesa bajas. Tiene los artilugios propios de un zapatero remendón. La mesa tiene una caja al lado donde guarda los trabajos pendientes. Julio va de un lado a otro con una libreta apuntando recados y cuentas).

JULIO ANGUITA: Menos mal que ahora esto se ha vaciado un poco.

DOLORES IBARRURI: Suele pasar todos los días. A primera hora cuando ya tenemos todo montado vienen en tropel a hacernos los encargos. Nos los dejan aprovechando el turno en la fábrica y luego se marchan corriendo dejándonos la tranquilidad después de la estampida.

JULIO ANGUITA: ¿Turno en la fábrica?

DOLORES IBARRURI: Sí, bueno. Me refería a las fábricas. Hay fábricas de hilo, altos hornos y envasadoras. Trabajan en turnos de 5 horas al día. A primera hora de la mañana durante la media hora de descanso muchos se acercan a hacernos los encargos. Se suelen pasar al final de la jornada laboral para recogerlos, Julio.

(*Julio observa lo que ha apuntado en hojas de su libreta pasando varias hojas*).

JOSÉ/PEPE DÍAZ: ¿Has apuntado todos los encargos bien, Julio?

JULIO ANGUITA: Sí, al lado de cada par tienes lo que necesita cada par de zapatos. He apuntado todo, la suela que quieren, barniz especial, achiques etc. ¡Qué curioso me sigue pareciendo esto! Los oficios a los que os dedicáis han desaparecido en el otro lado.

JOSÉ/PEPE DÍAZ: Aquí todo se arregla. Como verás estamos materialmente algo más atrasados, pero nadie trabaja más de 5 horas. (*Mirando el cajón de pedidos*). Ahora voy a ir pasándolo todo a mi libreta. No me separo de mi libreta desde los años de la guerra. En el 37 mi despacho estaba en la antigua sede de la CEDA, la mesa en la que trabajaba era de Gil-Robles ¡*Iill duche* español! Ahí tuve mi primera libreta personal. Desde esos días me he acostumbrado a repasar mis papeles por la mañana y luego por la noche. Si todo queda apuntado ya nada se olvida.

DOLORES IBARRURI: Recuerdo esa sede. Tuvimos que poner una cama para que pudieses dormir algo.

SANTIAGO CARRILLO: A Rosenberg, el embajador soviético, le gustaba acercarse a altas horas de la noche para convencernos de que no debíamos meter ministros comunistas en el gobierno de la República.

DOLORES IBARRURI: Nosotros no le hicimos caso. Luego nos enteramos que hizo un informe favorable de nosotros cuando estuvimos en contra de las colectivizaciones en el campo.

SANTIAGO CARRILLO: Vicente Uribe, nuestro ministro de Agricultura, estuvo a la altura. La colectivización nos hubiese puesto al campesinado en contra. Vimos el problema de la colectivización de la pequeña y mediana propiedad con el campo castellano donde sólo creó más reaccionarios.

JULIO ANGUITA: Tenéis razón, ¿pero no os dais cuenta que demasiadas veces hemos pasado a la Historia como el partido menos comunista (con permiso del italiano) de Occidente. Estos movimientos son los que nos han hecho más respetables por una parte importante de la gente. Eso me da qué pensar a menudo.

JOSÉ/PEPE DÍAZ: Lo importante era ser español, comunistas ya éramos. Teníamos que ser el partido de la gente, del obrero, del campesino. Los primeros meses estábamos con las masas que asaltaron el cuartel de la Montaña en Príncipe Pío. Luego tuvimos que garantizar el orden. De ninguna manera se iba a consentir una anarquía. Las milicias antifascistas obreras y campesinas de Líster dejaban claro en los pueblos de Aragón que una revolución no era robar el jamón y el aceite de las casas. Un camarada de la primera brigada mixta dice que una vez Enrique Líster vio salir a un anarquista con una hogaza de pan y dos quesos en los brazos. Los había requisado de una casa y por la ventana miraban una mujer y un niño. Líster se fue a él y con la mano extendida le dio tal guantazo que lo tiró al suelo. Los quesos salieron rodando y la mujer y el niño fueron a recuperarlo. En la publicación que tenían llamada *La Milicia* escribieron multitud de artículos contra las requisas espontáneas. Esto nos hizo un partido serio.

DOLORES IBARRURI: Tan españoles somos y éramos que nuestro Secretario General había toreado ilegalmente siendo un chiquillo con el gran Juan Belmonte.

JULIO ANGUITA: ¿Juan Belmonte el torero? ¿El *pasmo de Triana*?

JOSÉ/PEPE DÍAZ: Sí, el mismo. Aunque yo era de la Macarena, allá por el 1910 nos íbamos una bandada de zagales a las dehesas de las afueras de Sevilla cuando hacía luna llena a torear ilegalmente. Nos arriesgamos a dos palizas, una del mayoral de la finca y otra de la autoridad.

SANTIAGO CARRILLO: Si te oyesen ahora los posmodernos (*risa socarrona*).

JOSÉ/PEPE DÍAZ: Siendo yo jovenzuelo no había nada más apegado al pueblo que los toros. A Lorca lo fusilaron con dos banderilleros. Cuando lloramos a Sánchez Mejías, en realidad lloramos a España. Es difícil para mí comprender que el pueblo español le haya dado la espalda al toro. Es difícil comprender a Alberti, a Picasso o a Miguel Hernández sin amar al toro.

JULIO ANGUITA: Hay que saber avanzar con los tiempos, Pepe. Santiago y yo en el 77 fuimos a la corrida que organizaron los camaradas de Sanlúcar de Barrameda con el fin de levantar una caseta de feria del partido, y menudo cartel.

SANTIAGO CARRILLO: Montiel, Parada y Limeño.

JULIO ANGUITA: Ahora los que llenan esas plazas son sólo señoritos o aspirantes a mayoral de cortijo. El toreo ya no es popular y la conciencia sobre el sufrimiento animal ha crecido. Meter en una plaza a un animal y de entrada darle espadazos hasta que se vaya amansando mientras se desangra ya es difícil de asimilar.

DOLORES IBARRURI: De todas maneras, yo creo que se podía haber tirado por la vía reformista. Seguir con el toreo, pero sin torturar ni matar al toro. Álvaro Cunhal nos lo comentó un día. Esa podía haber sido nuestra postura. Arte sí, tortura no.

JULIO ANGUITA: Ahora es imposible, Dolores, nuestra gente es antitaurina y para encontrar a un taurino no fascista hay que emplearse.

(*Santiago se dirige a Julio*).

SANTIAGO CARRILLO: Julio, le vas a tener que llevar a Pavón, el carnicero, estos cuchillos, que los necesita pronto. Los acabo de afilar y cortan un pelo en el aire. Coge la talega y anda apenas tres minutos en línea recta. La primera carnicería a la derecha que veas es allí. Apunta la cuenta en la libreta de pendientes. Pavón paga a mes corrido.

JULIO ANGUITA: Entendido.

(*Julio sale rumbo a la carnicería*).

DOLORES IBARRURI: Se nota que Julio entró a militar después de la política de 'Reconciliación'.

SANTIAGO CARRILLO: Se nota demasiado. Siempre le he notado un adanismo extraño como con formas de marqués. Aunque a decir verdad, aquí se nota que habla algo diferente. No pontifica tanto.

JOSÉ/PEPE DÍAZ: Lo que se nota es que está en un sitio extraño. Todavía está asimilando todo esto. Eso que siempre ha dicho Dolores cuando vienen camaradas y los clasifica como de antes o después de 'La Reconciliación' siempre me ha fascinado.

DOLORES IBARRURI: Porque tú no la viviste, Pepe. Yo se lo noto a los que vienen por aquí hasta en los andares.

JOSÉ/PEPE DÍAZ: Está claro que yo ya desde el 42 andaba por aquí. De hecho, llevaba más de diez años por estos lares. En su momento creí que 'la política de reconciliación nacional' era una tomadura de pelo, una locura. Todos los muertos, todos los sacrificios para pedir. ¿Reconciliarnos con los que nos masacraron? Al poco de desarrollarse me di cuenta que fue un acierto, que llegamos primeros. Ése era el camino. No sé si era el adecuado para haber tenido mejores resultados políticos, pero al final lo entendí.

SANTIAGO CARRILLO: Reconciliarse había que reconciliarse. Ya no tenía sentido seguir en las coordenadas de la Guerra Civil, había nueva gente que nos miraba. Los estudiantes saltaron en el 56 y reclamaban una rebelión antifranquista firmando como 'hijos de vencedores y vencidos'. En poco tiempo nos dimos cuenta que acertamos de una manera premonitoria. Los fundadores del Frente de Liberación Popular, el famoso FELIPE, que en muchos casos nos pasaban por la izquierda, fueron voluntarios del bando golpista. En las huelgas del 62 había muchos obreros represaliados que incluso lucharon con la División Azul.

DOLORES IBARRURI: Nosotros no queríamos reconciliarnos con Franco ni con su régimen, pero sí con la base social que podría incluso haber apoyado el golpe. Nuestro análisis era que esa gente se sentía engañada. Tuvimos muchos hijos de insignes franquistas en nuestras filas. Mismamente Javier Pradera, hijo de franquista fusilado por la República y yerno del poeta Sánchez Mazas, fundador de la Falange.

SANTIAGO CARRILLO: O Daniel Lacalle, hijo del ministro del Aire que hasta tuvo que dimitir. También empezaron a referenciarse en nosotros tecnócratas que tenían el Estado en la cabeza como Ramón Tamames. Por eso debíamos articular un futuro que integrase a esa gente. Todos ellos militaron confundiéndose con camaradas que habían estado en Albatera, Burgos o Jarama. En lo peor del franquismo mostraron lealtad y camaradería, la que luego muchos no mostraron ya en la democracia. No necesitaban avergonzarse de lo que eran.

(*Julio regresa*).

JULIO ANGUITA: Me manda saludos el carnicero. Dice que tiene ganas de charlar un rato con nosotros. Tenía el puesto con una gran cola.

DOLORES IBARRURI: Habrán salido ya las panaderas. Son muy madrugadoras.

JULIO ANGUITA: Nos invita a su casa esta noche. Me ha dicho que os lo diga. Dicen que le han traído huevas de caviar del Caspio, ouzo griego y dulces turcos.

SANTIAGO CARRILLO: Pavón no desaprovecha ni una para organizar una jarana en su casa.

DOLORES IBARRURI: Está bien. Iremos.

JOSÉ/PEPE DÍAZ: Ven aquí, Julio. Siéntate cerca, que me vas a ver cómo preparo suelas para el calzado.

JULIO ANGUITA: ¡Voy!

(*Julio se sienta al lado de José Díaz*).

JOSÉ/PEPE DÍAZ: Primero cogemos la silueta y nos aseguramos del número. Con el lápiz perfilamos el borde... Aunque la mejor manera de aprender es haciendo. Vete haciendo la silueta de estos números en esta plancha de caucho y luego te enseño a cortar.

JULIO ANGUITA: No sé qué tal saldrá, pero vamos a ello.

JOSÉ/PEPE DÍAZ: Hablábamos, Julio, de la política de reconciliación del 56. Ésa no la vimos ni tú ni yo. Tu por joven y yo por viejo.

JULIO ANGUITA: Ahí fue uno de los momentos que mejor se supo leer la sociedad española. Aunque leyendo la Historia, creo que fue casi lo único que la geopolítica dejaba hacer. Stalin muere, comienza el deshielo de Nikita Jruschov, y lo que es vital, en el 53 los yankis sellan un pacto con Franco para cerrar toda posibilidad democrática en España.

DOLORES IBARRURI: Y luego los cretinos se llaman patriotas. Los fascistas le ceden Rota, Morón, Torrejón y Zaragoza. Meten ojivas nucleares en nuestro territorio. Todo para asegurarse que los demócratas seguíamos en las catacumbas. Es verdad que eso pesó mucho. Si esperábamos alguna insurrección sólo podía darse a partir de huelgas. Necesitábamos mucha amplitud. Penetrar en las nuevas capas sociales. Había jóvenes que se enteraron ya dentro del partido de lo que habían sufrido sus familias por la represión fascista, fusilamientos, torturas, etc. pero nadie quería ni podía hablar demasiado tiempo de estas cosas. Nuestra esperanza a partir del 56 era de futuro, de derribar el franquismo con mucha más gente. Quizá fue una terapia colectiva para poder tener fuerzas para seguir luchando.

SANTIAGO CARRILLO: Pero se nos olvida otra cosa vital. Lo que estaba por debajo de nosotros. Ya te darás cuenta, Julio, que desde aquí se toma una visión alejada de lo que pasa y ha pasado en la vida. Eso en parte es bueno porque te hace ver lo importante y no llegar a diferenciar lo pequeño, lo minúsculo. Desde aquí viendo cuál fue la clave de nuestra política de reconciliación me he dado cuenta que había un hecho que pesaba sobre todos los demás. Un hecho que por remoto que fuese no dejaba de ser tectónico.

JULIO ANGUITA: ¿Cuál es, Santiago?

SANTIAGO CARRILLO: Lo que pasaba en la Mongolia Exterior en el 54, el bombardeo de Taiwán por parte de los chinos... La animadversión de Mao a Jrushov y Bulganin marcó también nuestra política de reconciliación. Creo que esos hechos y el desenlace conocido como la ruptura entre China y la Unión Soviética fue lo que nos hizo andar por otros caminos. Ya no iba a ser posible el Comunismo Internacional.

DOLORES IBARRURI: Aunque ya los yugoslavos rompieron con Moscú en el 48.

SANTIAGO CARRILLO: Pero ahí Yugoslavia no pintaba tanto. Desde ahí en adelante nos dimos cuenta que en cada Estado, en cada nación, los dirigentes comunistas, estuviesen en clandestinidad o en legalidad, tenían que diseñar su propia vía al socialismo.

(*Julio le pasa la plancha de caucho con las plantillas perfiladas*).

JOSÉ/PEPE DÍAZ: (*Escrutando con los ojos el trabajo de Julio*). Para ser la primera vez no está del todo mal. Tienes que asegurarte que el molde no se mueve.

DOLORES IBARRURI: Cuando acabes ahí tienes que venir a ayudarme, Julio. Quiero que empieces a conocer también a trabajar el cuero. De esto es de lo que más se saca. Siempre hay monturas y talegas que remendar, o si no se suelen encargar cinturones y cabezadas para caballos.

JULIO ANGUITA: Decís que poco a poco tengo que aprender, ¿los tres oficios?

DOLORES IBARRURI: Sí, el conocimiento artesano tiene que pasar de unos a otros.

(Julio se sienta al lado de Dolores que está intentando remendar y arreglar una vieja montura de asno).

DOLORES IBARRURI: Primero hay que fijarse cómo están las costuras de la montura. Como ves, esta montura es de una bestia de carga. Te habrás dado cuenta que hay autobuses y algún coche pero que todavía se utilizan por aquí animales de carga para tirar de carros y transporte.

JOSÉ/PEPE DÍAZ: A muchos, sobre todo a los recién llegados, os cuesta adaptaros, pero una vez te haces a esta vida ya no quieres otra. 'La realidad material' es aquí diferente.

JULIO ANGUITA: Vivir con poco no me importa. He visto que al menos hay libros y que se puede, 'aunque sea desde lejos', seguir lo que pasa allá en 'la vida', el otro lado o el mundo real. No sé cómo llamarlo.

SANTIAGO CARRILLO: Sí, de eso tienes para aburrir. Dentro de poco cuando estés más hecho, los periódicos semanales te pedirán que escribas algún artículo.

JULIO ANGUITA: ¿Periódicos semanales?

DOLORES IBARRURI: Aquí la parsimonia es tan superlativa que sólo hay un periódico que sale los domingos. También de vez en cuando salen otras publicaciones de lo que va escribiendo la gente, reflexiones, dietarios, etc. La actualidad es muy relativa aquí.

JULIO ANGUITA: Creo que me adaptaré bien, mientras pueda pasear, leer, escribir, hacer algo de deporte, ver a amigos. Sólo veo el problema del frío.

SANTIAGO CARRILLO: A los españoles es lo que más nos cuesta, y sobre todo a los andaluces.

JOSÉ/PEPE DÍAZ: Dímelo a mí.

SANTIAGO CARRILLO: Lo que más me acuerdo de España aparte de mi familia y amigos, es el clima. A la familia, y sobre todo a los amigos, tengo la posibilidad de verlos por aquí. Pero el clima me hace añorar mucho la vida. A veces sueño con esos veranos en el parador de Nerja, cuando ya me trataban como un prohombre. Desayunaba mirando desde lo alto del acantilado de la playa de Burriana. Ahí desembarcó Abderramán I para fundar el primer emirato independiente. En las noches estivales la luna ilumina los acantilados y el clima sigue siendo agradable. Me podía imaginar al propio Abderramán huido de Damasco entrando en aquella mágica playa. En el 47 también nosotros tuvimos el plan de desembarcar.

JULIO ANGUITA: ¿Vosotros? ¿En la playa de Burriana? Estuve alguna vez. Está en el último pueblo de la provincia de Málaga antes de la costa granadina. Todavía se mantiene bastante virgen por el parque natural.

SANTIAGO CARRILLO: En agosto del 44 me mandaron a Argel, ahí teníamos una división de camaradas que estaban siendo entrenados por los americanos. Planeábamos un desembarco en las costas malagueñas para poder conectarnos con la Agrupación Guerrillera Málaga-Granada, los maquis. Desde el 37 al 44 más y más gente se fue a la sierra. Huían de la represión. Los americanos nos enseñaban transmisiones, orientación en terreno, manejo de armas, etc. En esos días los americanos estaban con la lucha antifascista. De hecho, nos ayudaron a hacer varios pequeños desembarcos en las playas de Maro y Almuñécar. En apenas unos meses hicimos enlaces que conectaron Argel con Málaga-Granada. De un día para otro los americanos nos abandonaron y abortamos la posibilidad de un desembarco más grande. Gestionamos mal lo de los americanos, creemos que nos delataron. Muchos camaradas cayeron. De ahí justo me llamaron para ir a París. Por eso al añorar el clima cálido añoro mis veranos en Nerja, pero también me vienen imágenes de lo que pudo ser y no fue. Podría haber sido nuestro desembarco de liberación nacional, un mini Normandía.

JOSÉ/PEPE DÍAZ: No te vayas tan lejos, Santiago, lo pudisteis hacer en el Valle de Arán aunque ahí hacía más frío.

SANTIAGO CARRILLO: Hombre, Pepe, hacía mucho que no me sacabas el tema del Valle de Arán, Monzón y Trilla. Te has dejado llevar por la leyenda negra que muchos han escrito sobre mí.

JOSÉ/PEPE DÍAZ: Y que en parte te la labraste tú mismo.

SANTIAGO CARRILLO: No voy a volver a hablar del tema de si mandé ejecutar a Trilla o si a Monzón le esperaba el mismo destino. Ya estoy harto de tener que defenderme de falsas acusaciones. ¿Por qué no se me reconoce el haber salvado a 13.000 camaradas en una digna retirada? Si hubiese sido por esos dos botarates, montan una insurrección calamitosa sin visos de victoria alguna. Cuando bajé de Francia y observé cómo estábamos a punto de ser rodeados, primé la vida de esos camaradas que tanto sirvieron al partido en los años venideros.

Yo nunca estuve de acuerdo con el plan inicial de incursión de Monzón. Él era demasiado optimista, creía que habría un levantamiento popular. Mi idea era como lo hicieron los yugoslavos, ir incursionando experimentados comandos de no más de seis o diez. El objetivo si acaso sería formar guerrilleros, tejer una tela de araña interconectada.

DOLORES IBARRURI: Recuerdo que te mandamos a ti, Santiago, y a Líster a hablar con Tito para ver si podíamos reconsiderar ese plan. Esta vez con una ayuda directa de los verdaderos expertos. Los partisanos echaron a los nazis ellos solitos desde las montañas. Nos iban a formar y a darnos apoyo por mar y por aire. La mala suerte fue que esa reunión fue en septiembre del 48, apenas antes de romper Yugoslavia con la URSS. Ahí abandonamos toda esperanza. De hecho, incluso embarramos todo lo que pudimos el nombre de la Yugoslavia partisana.

JULIO ANGUITA: ¿La idea de disolver la guerrilla os la dio Stalin?

DOLORES IBARRURI: Más o menos, nuestra gente en las sierras estaba muy agotada. Tenían que sobrevivir y en muchos casos incurrieron en requisas con demasiadas dosis de bandolerismo. Temíamos que la sierra fuese un fin en sí mismo, una forma de vida en lugar de una herramienta al servicio de la liberación de España.

JULIO ANGUITA: Pero llegasteis a ir a Moscú para hablar del tema, ¿no?

DOLORES IBARRURI: Sí. Nos recibieron Stalin y Molotov. Yo todavía no hablaba ruso. Stalin repetía una y otra vez «*Trepaniv, Trepaniv*». Significa 'paciencia'. Nos instó a participar en las estructuras del régimen de una manera clandestina, sobre todo en los sindicatos verticales. El asalto al poder de vuelta por las armas con apoyo de potencias extranjeras y del mismo pueblo ya desapareció del horizonte. Desde el 1941 con Stalingrado volvió una ilusión de revertir el resultado de la guerra de España y echar a Franco. Marcos Ana nos contó que por aquel entonces en la cárcel de la calle General Díaz Porlier fusilaban a diario a camaradas. Aparte de que les trataban como a perros, dándoles palizas. Les escupían en la cara. Todo cambió hasta dentro de los patíbulos franquistas en el invierno del 41. Después de Stalingrado, a los carceleros les entró tal escalofrío que ya no maltrataban tanto a los presos comunistas. Muchos llegaron a llorar lamentándose, justificando que ellos eran sólo unos 'mandados', que 'maldecían todas las guerras', bla, bla, bla. Los presos republicanos llegaron a creer que las puertas de los penales serían derribadas por camaradas que venían de luchar en la resistencia francesa.

SANTIAGO CARRILLO: Pero despertamos de ese sueño al interiorizar que Franco era parte del sistema de Yalta. Los griegos lo vivieron casi tanto como nosotros. Nos enteramos de que el entorno de Don Juan de Borbón en su ambición llegó incluso a sondear alguna posibilidad de pactar con la oligarquía española y el oeste de Yalta una operación de reemplazo de Franco desde dentro. Yo estaba convencido de que era imposible. La oligarquía española tenía mala conciencia, habían asentido a demasiada barbarie. Divisaban demasiados riesgos. La democracia tenía que ser antifascista y eso la burguesía española no podía consentirlo.

(*Silencio triste. Dolores cambia de tema alzando el tono de voz para que la escena se centre en el trabajo del día*).

DOLORES IBARRURI: Venga, ¿qué tal vais con los encargos de hoy? En apenas unos minutos acabarán la jornada muchas de las trabajadoras de las fábricas de telas. Ya se ven los labriegos volver con sus mulas. Organicémonos para no tener una cola demasiado larga.

JOSÉ/PEPE DÍAZ: Bueno, hoy tenemos a Julio, que nos puede ayudar a cobrar.

SANTIAGO CARRILLO: Mejor que se vaya adelantando y compre algo para llevar a casa de Pavón.

DOLORES IBARRURI: Buena idea, llevaremos vino y pasteles.

JULIO ANGUITA: ¿Y eso dónde lo compro?

JOSÉ/PEPE DÍAZ: Las dos cosas las puedes comprar en el puesto de Lina. Es paisana de Dolores, de Somorrostro. Le hará ilusión verte.

JULIO ANGUITA: ¿Qué compro exactamente?

JOSÉ/PEPE DÍAZ: Lina sabrá que darte, dile que vamos a casa de Pavón y que le llevaremos unos pastelillos de los que ella hace y un par de botellas de tinto.

JULIO ANGUITA: Está bien, voy a coger dinero de la caja. Tengo que deciros que por estos días esto puede valer, pero mi idea es que la formación que me vayáis a dar necesito que sea más sistemática. No quiero dedicarme a hacer pequeños recados o estar sólo para pequeñas tareas. Aprenderé los oficios uno por uno y de manera intensa, pero necesito autonomía.

JOSÉ/PEPE DÍAZ: Está bien, lo vemos, anda, vete para allá antes de que se te ponga una gran cola delante.

(*Julio se va*).

SANTIAGO CARRILLO: Los primeros días aquí son extraños. No se puede decir que sean malos. Son más bien buenos por ver a la gente que creías que nunca más volverías a ver, pero entrar en un mundo tan igual y tan distinto a la vez hace que se tenga una extrañeza única. Creo que jamás me sentiría igual en los primeros días a este lado.

EXCURSO B

ETERNA ~~DERROTA~~ RETORNO

Karl Marx: Según la física, el observador modifica el objeto observado. Imagínense cómo el objeto observado es modificado por el que quiere acabar con ese objeto. ¿Y si el marxismo ha sido lo mejor que le haya pasado al capitalismo? ¿Puede Marx ser víctima de la dialéctica?

Señoras y señores, Marx no puede responder todo ni a todos. Lenin fue mi primer gran hereje, y le salió bien. La revolución sólo se iba a dar en Alemania o Inglaterra, punto. Al final yo he sido el occidental más popular donde ni Jesucristo lo fue. En los arrozales de Vietnam, las junglas de Centroamérica, Sáhara, Angola, Roma, Kurdistán, India, etc. Yo en realidad creía que se triunfaría primero en el centro y luego ya la periferia seguiría. Para mí el campo era un atraso y al final los campesinos apoyaron lo que yo decía.

Bueno, espero que este diálogo en un purgatorio esté resultando agradable. Tranquilos, esto todavía no ha acabado. Nos queda disfrutar del tercer y último diálogo. El día acaba en la casa de Pavón y Teresa, viejos militantes de aquellos con los que se escribe la Historia. Pavón y Teresa son esas gotitas que una tras otra hacen romper piedras. Teresa y Pavón eran esos pelotaris que, por mal que le venga la pelota, su única pulsión es devolverla. Un pelotari no calcula si le viene bien o mal devolver la pelota, simplemente lo hace. Este símil lo leí hace poco de un autor español y no puedo estar más de acuerdo.

Hay que estudiar, leer y analizar. Yo mismo añoro esas mañanas frías resguardado en la Biblioteca del Museo Británico, en Tottenham Court Road. Ahí leía y estudiaba, pasaban por mis manos tomos de Mesopotamia, China, el carbón, el acero. Así pude crear la mayor crítica al capitalismo, pero sin actuar en lo concreto todo queda en deporte intelectual. Aun así, uniendo estas dos cosas, estudio y acción no es suficiente, debe haber algo más. Una chispa. Una ilusión de construir un futuro, de tener el futuro de nuestra sociedad en nuestras manos.

(*Con tono de circunstancia y enderezando el cuerpo*).

«Si quieres construir un barco no empieces por buscar madera, cortar tablas o distribuir el trabajo; primero has de evocar en los hombres el anhelo del mar libre y ancho». Gran frase de *El Principito*.

Esto los anarquistas lo tenían claro. No me malentiendan, los anarquistas siempre fueron eternos adolescentes, no saben profundizar. Pero de ellos aprendimos a llevar la llama dentro de nosotros mismos. En eso los anarquistas son maravillosos. Se puede decir que son el arte, la música y la poesía de las revoluciones, pero seamos sinceros, ¿quién dejaría la organización de su hogar a un músico? Cuando le decía esto a mi amigo Bakhunin, ardía en cólera.

Bakunin y yo seguimos viéndonos, Proudhon es el que no me habla, ni me saluda. Bakunin y yo siempre fuimos enemigos íntimos. Sólo le echaba de mi casa cuando borracho se ponía a mear por la ventana. A Jenny no le gustaba, y eso que Jenny era muy tolerante con las personas. Mis hijas y yo nos sentábamos a oír sus historias en las cárceles siberianas del zar.

Cuando se produjo la Comuna de París, Bakunin no sabemos cómo, pero llegó al día siguiente a París. Debo decir que «El primer día de una revolución, Bakunin es un tesoro, al segundo se le debería fusilar». (*Ríe*).

Volviendo a este tercer acto. Nuestros héroes no acaban ni empiezan nada. La revolución nunca termina, el final jamás puede ser feliz o triste. Nunca hay un verdadero final. Antes de dejarles quiero decirles que, por favor, no maten al mensajero. Cuando ven en mí al demonio o a un ángel liberador piensen que yo no soy nada de eso. Sólo anticipé lo que venía, lo que vendrá. La lucha socioeconómica nos sobrevivirá, eso muchas veces estará por encima de nuestras filias y nuestras fobias. La historia sigue y los de abajo siguen manteniendo el mundo. Nuestros pantalones, nuestros colegios, nuestros edificios, un periódico, todo ha pasado por el trabajo material o inmaterial de un trabajador. Cuando ese trabajo para, el mundo se para. Si sólo los trabajadores fueran conscientes de que tienen el destino en sus manos.

CAPÍTULO III

LA VIDA, EL OCIO

Interior de una cocina/sala de estar propia de una humilde pero acogedora casa rural.
(*Alguien llama tres veces a la puerta*).

TERESA: ¡Ya vaa! Pavón, vete a abrir, que yo estoy ocupada acabando de servir el caviar.

PAVÓN: Vaaa.

(*Pavón abre la puerta y saluda alegremente*).

PAVÓN: Salud, camaradas.

(*Entran los cuatro*).

JOSÉ/PEPE DÍAZ: Bueno, Pavón, supongo que ya conociste a Julio hoy en el puesto, ¿no?

PAVÓN: Efectivamente.

JULIO ANGUITA: Un gusto otra vez, señor Pavón.

SANTIAGO CARRILLO: Julio, el camarada Pavón se va a ofender si le tratas de usted.

JULIO ANGUITA (*Sonríe*): Cierto. Quería decir, que estoy encantado de conocerte, camarada Pavón.

DOLORES IBARRURI: Y ella es Teresa Robles, compañera de Pavón.

TERESA: Venga, pasad y colgad los abrigos, que llevamos horas calentando la sala para poder estar a gusto.

JULIO ANGUITA: Aquí traemos unos pastelillos y algo de vino.

TERESA: No os teníais que haber molestado.

SANTIAGO CARRILLO: Pavón es un histórico, paisano mío de las Juventudes Socialistas Unificadas.

PAVÓN: Bueno eso de paisano... tú de Gijón y yo de Mieres, je, je.

SANTIAGO CARRILLO: Pavón ha hecho de todo. Yo le conocí falsificando los cheques a nombre de la marquesa de Villapadierna. ¿Te acuerdas, Pavón? Con esos cheques compramos las armas para la Revolución del 34.

PAVÓN: Cómo no acordarme.

TERESA: Venga, no os empecéis a enrollar ya así de entrada, y coger un vasito. Es Solichnaya.

(*Los cinco cogen un vaso pequeño de vodka de una bandeja que sostiene Teresa*).

(*Pavón alza el pequeño vaso a modo de brindis*).

PAVÓN: Bienvenido, camarada Julio.

TODOS: Bienvenido.

DOLORES IBARRURI: Al final os ha quedado una sala muy acogedora.

PAVÓN: Estamos muy a gusto aquí. Ayer mismo lo hablábamos Teresa y yo. Cualquiera que hubiese visto esta dacha así hace unos años hubiese afirmado que éramos unos ricachones.

TERESA: Tener hornillos, las paredes arregladas, todos estos platos, ollas, estas sillas, ¡Una estantería con libros!, para nosotros esto es el paraíso socialista.

PAVÓN: Siéntense, camaradas, que antes de brindar otra vez debéis probar esto.

(*Pavón va a la encimera donde hay una bandeja con pequeños cuencos, platos planos con pequeñas láminas de pan tostado y varias fuentes de caviar rojo*).

DOLORES IBARRURI: Por esto, entre otras cosas, nos encanta venir a ver a Teresa y a Pavón. El mejor caviar del Mar Negro se lo dan a Pavón.

PAVÓN: Hemos retomado la amistad con los camaradas del Kazajos y nos tratan bien. (*Guiñando el ojo derecho*).

JOSÉ/PEPE DÍAZ: ¡Qué pinta tiene esto! (*Mirando a la bandeja*). Lo único bueno de mis últimos días en la vida fue la calidez de los georgianos y las puntillitas de caviar racionado que me daban en el sanatorio de Tiflis.

DOLORES IBARRURI: No recuerdes esas cosas, Pepe, que acabamos de llegar y estamos de celebración.

JOSÉ/PEPE DÍAZ: Tranquila, Dolores, a medida que pasa el tiempo, esos meses, los últimos de mi vida, los empiezo a considerar de otra manera. Tú deberías hacer lo mismo, Dolores.

DOLORES IBARRURI: ¿A qué te refieres?

JOSÉ/PEPE DÍAZ: Me tiré meses y meses con fuertes dolores de estómago. Después de la 'Operación Barbaroja', cuando los nazis avanzaban de una manera imparable en su invasión, a mí me jubilaron nuestros jefes de la Komitern. Me recetaron primero enviarme a Sochi para ver si me podían tratar. Más tarde, al ver que hasta Sochi iban a llegar las hordas nazis, me trasladaron a Tiflis. Allí en el 42 vi todo desmoronarse. Perdimos la guerra de España, los fascistas habían torturado y matado a mis hermanas en Sevilla y yo era un enfermo sin solución de continuidad. Los nazis habían llegado a Crimea, a Krashnodar y Grozni. Los nazis estaban a menos de 200 km. de Tiflis.

PAVÓN: No creía yo que íbamos a empezar a hablar de tu decisión personal de irte de este mundo, bueno del otro. Yo sólo quería convidaros al mejor caviar del Caspio, pero ya que sale Pepe, ése fue tu único momento de debilidad. A los cristianos y a los revolucionarios se nos está prohibido irnos de la vida cuando nosotros queremos. Aquí te reprocho lo que Fidel le reprochó a Allende: «Es lícito, compañero, guardarse una bala, pero es necesario aprovechar las anteriores para defenderse». Ya sé que es diferente, pero tú pecaste al perder la esperanza.

JOSÉ/PEPE DÍAZ: Siempre se tiene que tener esperanza, eso aprendí. Un año después de poner fin a mi vida pude enterarme de las victorias de Stalingrado y Kursk, aunque lo más emocionante fue enterarme que mis hermanos españoles estaban liberando París. Estuvieron a punto de llegar hasta la guarida de Hitler. En realidad, la nuestra fue la primera batalla en la guerra contra el fascismo, se podía decir que ganamos.

DOLORES IBARRURI: Aunque luego el camino fue más bien difícil, lleno de desilusiones, encrucijadas, trampas.

PAVÓN: ¿Pero qué creíais, que el socialismo iba a ser un paraíso terrenal? ¿Que ya no iba a existir explotación, tiranía o incompetencia? Al final erais todos bastantes cristianuchos. Recuerdo cuando Teresa y yo coincidimos con un camarada del Comité Central de PCUS y le preguntamos por los tratamientos a discapacitados. La hermana de Teresa tenía un chaval muy inteligente pero postrado en una cama por una parálisis cerebral que le afectaba al movimiento. El camarada nos dijo que en la URSS no había discapacitados porque la sociedad socialista no los producía. En ese momento nos dimos cuenta que en la URSS había muchas patrañas.

TERESA: Luego nos enteramos que tenían varias investigaciones y centros pioneros, pero ante la duda el camarada tuvo miedo y soltó esa estupidez.

DOLORES IBARRURI: La Unión Soviética estaba llena de contrastes. Los heroísmos y los terrores. La igualdad, la tranquilidad proletaria y el martillo de disidencia. A mí me llegó un telegrama de Pepe en el 1941 que decía «Dolores estoy en Rusia, ven a verme». Al final me quedé más de treinta y cinco años. Habiendo visto injusticias y tropelías, habiendo denunciado públicamente sus derivas, me cuesta despegarme de la URSS. Mi hijo Rubén murió en Stalingrado. Recuerdo en 1982 en Vizcaya, cuando ya estaba de vuelta, fui a poner unas rosas encima de una fosa donde había muchos camaradas enterrados. Vinieron muchos familiares, había muchas niñas, nietas de aquellos republicanos. Habían formado parte del Batallón Stalin, también conocido como Meabe. No es justo que esas niñas duden de sus abuelos por el nombre de su batallón. La Unión Soviética ha sido muchas cosas y todas juntas. Idealizar el pasado sería erróneo, pero identificar con Stalin a todos nuestros camaradas muertos sería hacerle el trabajo al enemigo.

SANTIAGO CARRILLO: Pero yo creo que tú fuiste muy feliz allí, Dolores.

DOLORES IBARRURI: Sí, nunca tuve miedo. En mi pequeño apartamento de la calle Stanyvlaski 15 pude disfrutar de mis nietos. En el mismo edificio vivía Andrey Gromyko, el eterno ministro de Exteriores soviético.

TERESA: Qué guapo era Andrei Gromiko, todas las rusas estaban enamoradas de él.

DOLORES IBARRURI: Vivíamos en el mismo edificio. Nuestras hijas fueron amigas. Se decía que era el hombre mejor informado del mundo. Preparó las propuestas de Yalta. Decían que era un tipo muy realista, allí es donde empezó.

SANTIAGO CARRILLO: Estando de visita por Moscú, cuando nos quedábamos a trabajar hasta altas horas de la madrugada en casa de Dolores, mirábamos cómo su coche paraba en la puerta y bajaba un hombre con un aspecto impecable, probablemente venía de visitar a Indira Ghandi o de preparar un Consejo de Seguridad de la ONU.

PAVÓN: (*levanta un pequeño vaso con contenido incoloro*). ¡Por Andrei Gromyko, el hombre desconocido más importante del siglo XX!

(*Brindan*).

TERESA: Venga, que hay que probar el caviar.

(*Cogen pequeñas cucharas para verter las huevas de esturión en láminas de pan tostado*).

JULIO ANGUITA: Está buenísimo. Un sabor muy intenso. Nunca había probado el caviar.

JOSÉ/PEPE DÍAZ: A Julio le libramos tanto de los problemas del Este y la URSS que ni conoció en vida la delicia del caviar del Caspio.

(*Ríen*).

TERESA: Se me ha olvidado acercar el arenque marinado, Pavón acércate a la encimera y traes la bandeja roja... y... ¿por qué no picas un poco de tomate con ajo?

PAVÓN: Voy.

DOLORES IBARRURI: Se nota, Teresa, que ya has enseñado a Pavón a trabajar algo en casa. (*Teresa sonríe algo tímida*). Cuando yo os conocí tú eras como tantas mujeres de camaradas, sólo para servir y llorar al compañero preso, herido o muerto. Teníais la resignación de la esposa, la disponibilidad a todas horas y jamás os llevasteis méritos.

TERESA: Ésa fue nuestra educación. Sobre todo la nuestra, la de las niñas pobres. En un primer momento me tomé el estar casada con un republicano como una maldición, una desgracia en la vida. Tendríamos que huir de un lado a otro. Hacía muchas colas en las visitas de penales. Detenciones y pobreza. Yo recuerdo que me olvidaba de todo rezando el rosario, eso no se lo podía decir a Pavón. Yo os veía a vosotras y veía una gran distancia.

DOLORES IBARRURI: Nosotras éramos las 'tiorras'. Ese nombre nos puso Unamuno.

TERESA: Alicia Huete y Leonor Estévez fueron mis maestras, y eso que eran más jóvenes que yo. Ellas sí que aguantaron.

DOLORES IBARRURI: Y tanto, iban a las fábricas a intentar organizar a los obreros y muchas veces las insultaban.

TERESA: Nos gritaban: «¡A Fregar!» «¡A ti no hay macho que te monte!». Aunque eso sólo era cuando no había camaradas cerca. Ahí no se atrevían. Esto me lo contaba Leonor, yo sólo me hice del partido en clandestinidad y después de haber pasado mucho.

JULIO ANGUITA: Ése fue tu peor momento, Dolores, recuerdo que me lo contaste cenando después de un mitin. Te emparejaste con el camarada Antón y te criticaron.

TERESA: Tú sufriste mucho por eso, Dolores. Primero decían que Antón siendo tan joven y tan guapo sólo podía estar contigo por interés.

DOLORES IBARRURI: Era 16 años mayor que él. Contra eso cargaron.

SANTIAGO CARRILLO: Detrás de eso estuvo Jesús Hernández, y luego Líster contó infundios de todo eso. Decían que la política del partido estuvo supeditada a liberar al 'Romeo' de Dolores porque tu insistías a los soviéticos en que negociasen la liberación de Antón con los nazis.

DOLORES IBARRURI: No sigáis, eso me pone muy triste. Nunca tuve problemas por ser mujer y dirigente. Sólo ocurrió cuando vieron que también me emparejaba, que amaba a un hombre incluso con locura.

PAVÓN: Aquí os pongo los arenques ahumados del Báltico.

TERESA: Voy a echar otro leño a la chimenea, para que se siga calentando la casa.

PAVÓN: He oído que vas por las mañanas a nadar al lago. Eres un valiente, Julio, no me lo habría ni imaginado.

JULIO ANGUITA: Creo que cuando se hiele el lago será otra historia, pero de momento estos primeros días estoy yendo. Nado menos y más deprisa pero no pierdo mi costumbre de primera hora. También debo decir que los barracones que tiene para cambiarse y ducharse están muy calientes. Esta diferencia de temperatura hace que la sangre fluya limpia.

PAVÓN: Y bueno... Siempre que viene alguien le invitamos a brindar, le damos la bienvenida, pero es costumbre preguntarle cómo ve el futuro. ¿Cómo ve nuestra causa? Nosotros desde aquí probablemente lo vemos todo desde otra perspectiva.

JULIO ANGUITA: Como sabéis, me fui en medio de una pandemia mundial que cerró economías y está modificando el mundo tal y como lo conocimos, por lo que hablar de futuro siempre será a partir de este armagedón que nadie esperaba.

JOSÉ/PEPE DÍAZ: Apenas te he preguntado nada de la pandemia, Julio, porque aquí creemos que el COVID no cambiará el rumbo del rumbo.

JULIO ANGUITA: ¿Cómo? ¿Lo dices en serio? (*Cara de extrañeza*). Pero si es el evento más importante que ha vivido la humanidad en su conjunto con la salvedad de las guerras mundiales. Esto cambiará a la humanidad.

DOLORES IBARRURI: Pepe se refiere a que el COVID hará que las cosas pasen antes, más rápido pero que el destino de la izquierda, los sindicatos, los Estados ya llevaba una dirección que el COVID sólo ha hecho que acelerar.

JOSÉ/PEPE DÍAZ: Exacto, a eso me refería.

JULIO ANGUITA: Entiendo, en buena parte estoy de acuerdo.

SANTIAGO CARRILLO: Es evidente que la crisis de la globalización ya venía desde hacía un tiempo, esto sólo ha hecho que todo se precipite.

PAVÓN (*moviendo la palma de la mano de arriba para abajo tratando de hacer callar a Santiago*): Pero dejadle a Julio que explique, a vosotros os tengo muy oídos ya.

JULIO ANGUITA: Yo creo que las grandes grietas aparecen con la crisis del 2008. Salvar al sistema financiero a costa de empobrecer a las clases medias y populares hizo que algo se rompiese. El famoso contrato social por el cual se podía pedir esfuerzo a los trabajadores a cambio de determinadas cosas ya no opera desde el 2008. Los pactos de la Moncloa incluían algunas transacciones o al menos alguna seguridad de que la gente podía tener el deseo de avanzar. Ahora ya es casi un sálvese quien pueda.

El sindicato tal y como lo hemos conocido empieza a ser poco operativo. La precariedad laboral hace que sindicarse no sea útil. CCOO, al que tanto he criticado como sabéis, siempre habla de que está en contra de la precarización pero para un precario es imposible militar ahí. Y mientras, el Estado se desangra. Aquí no estoy de acuerdo con vosotros. El COVID ha dejado patente que el Estado es la última salvaguarda de la democracia. Creo que hasta muchos capitalistas acabarán pidiendo un Estado más fuerte e intervencionista, por su interés.

Formamos parte ahora mismo del gobierno de España, pero creo que eso es un espejismo. Esta experiencia nos demuestra los límites de la política institucional. Y hablo de límites ni siquiera para cambiar las cosas, sino límites para preservar y conservar derechos básicos.

Cuando Marcelino criticaba a CCOO diciendo que se había vuelto socialdemócrata lo decía como crítica. Ahora el mínimo programa socialdemócrata es revolucionario. Desarrollar buena parte de la Constitución española es revolucionario. Nuestro programa ahora tiene que ser la Declaración Universal de los Derechos Humanos.

SANTIAGO CARRILLO: ¿Viste, Pavón? Lo que te he dicho siempre. Julio es un eurocomunista.

PAVÓN: Eso no es eurocomunismo, Santiago. Vuestro eurocomunismo iba a desmovilizar las calles y las fábricas. Seguro que os acordáis de la famosa frase del obrero de la SEAT en el Congreso del Partido: «El eurocomunismo es desconvocar huelgas».

SANTIAGO CARRILLO: Pero, Pavón, parece mentira que tú ahora...

DOLORES IBARRURI: Venga, dejemos un momento el pasado, Julio nos habla de futuro, aunque sea negro es a donde debemos mirar.

JULIO ANGUITA: Lo malo es que estoy viendo cada vez más el poso del fascismo. Y esto va más allá de Franco, Vox, Trump o Meloni. Cada vez hay más gente sin esperanza en nada. Ven que les roban, que les prometen una cosa y hacen otra. La base social se ha vuelto muy huraña, el último odia al penúltimo y el antepenúltimo al penúltimo. La solidaridad básica entre la gente se está esfumando. Nuestro mensaje es uno más. Dependemos mucho de si la gente ve que lo que hacemos es útil. Ahora hay una ministra de trabajo que ha aguantado muy bien el tipo. A ver si la dejan. Pero hasta antes de la pandemia la gente percibía que nuestros logros se limitaban a prohibir los animales vivos en los circos, ir en bici a los ayuntamientos o encargar poner la bandera del arcoiris el 26 de junio.

PAVÓN: Venga, Julio, que peores hemos estado. Mientras haya capitalismo habrá comunistas. Aprenderemos de errores, habrá nuevas formas de organizarnos. Aun así te entiendo, para mí la peor derrota fue en las primeras elecciones, cuando creíamos que seríamos el segundo o el primer partido en votos. Yo fui de los que organizaron el 'ginebrazo', cientos de miles de compatriotas de la inmigración y el exilio ocupando Ginebra para venir a un mitin del Partido Comunista de España. Era 1974, ya llevaba la Revolución de los Claveles en Portugal casi dos meses. Dicen que ha sido el mitin más amplio nunca visto en Suiza (de ningún partido). Veías a familias enteras, autobuses de París, Lyon, Stuttgart o Bruselas. Ya sólo quedaba posibilitar la democracia, elecciones y ganábamos. Al final no fue así. Ésa fue una derrota que tardé en digerir. Llegamos a calcular unos 300.000 militantes en el 78. En el 82 creíamos que nos íbamos por el sumidero. Esos años los recuerdo peores que los de la caída del Muro. Luego vino Seattle, Praga, los zapatistas, a nivel sindical nos mantuvimos y vimos que iba a haber batalla contra el capitalismo.

JOSÉ/PEPE DÍAZ: Todavía no entiendo por qué la izquierda no se limita a una palabra en sus programas, «democracia». Democracia implica que el resultado social es fruto de una decisión más o menos consciente de la mayoría. Ahora son millones los trabajadores españoles que no tienen ninguna protección, ni contractual, ni sindical de ningún tipo. Están expuestos a las prerrogativas del encargado o del jefe. Eso es lo contrario a la democracia. ¿Puede alguien verdaderamente negarse a hacer horas extras gratis?

DOLORES IBARRURI: Yo no lo acabo de ver, Julio. Es demasiado abstracto, la gente va a creer que queremos que el país se convierta en una asamblea del 15-M pero con el estómago vacío. Necesitamos proveer. Garantizar un empleo tiene que ser la clave. La renta básica puede servir para subir el salario mínimo, pero a la larga trae problemas. Nosotros, el movimiento obrero del siglo XX fue tan importante justamente por eso, por ser 'obrero'. Nuestra condición de trabajadores, los que movíamos los engranajes del país, era lo que nos hacía imparables. Hay todavía mucho trabajo por hacer, cuidado de personas vulnerables, regeneración de bosques, representaciones teatrales en cada plaza.

SANTIAGO CARRILLO: Me maravillo ante tanto reformismo. Yo creo que la clave en este siglo será hacer a la socialdemocracia ser socialdemocracia de verdad. Ése es el secreto. Siempre dije que había que volver a los tiempos de la unificación. Obligar a la socialdemocracia a olvidar el social-liberalismo es nuestra tarea.

JULIO ANGUITA: Miedo me estás dando, Santiago. ¿Nuestro futuro es hacer un Unidos PSOE?

SANTIAGO CARRILLO: Es lo mismo que has dicho hace un momento. Hacer ver a la socialdemocracia que su programa es imposible porque antes te meten un Pinochet, una huelga de capitales o similar, es abrir nuestra puerta a la clase trabajadora.

PAVÓN: Seguís viendo las cosas como los dirigentes que ya no sois. ¿Y el horizonte del cambio profundo? ¿La sociedad socialista? ¿Ya no creéis en ella? Cualquier cosa de las que decís son pócimas mágicas que no funcionarán mientras la gente no tenga el poder. Todos tenéis algo de razón, pero os falta acabar vuestros razonamientos. Debemos expropiar a la burguesía, vencerla. Si la gente vota avanzar en el sistema social, los capitales hacen huelga como dice Santiago. ¿Y luego? Del '¡sí se puede!' a la decepción fascista. Tenemos que seguir pensando en la revolución. Eso implica no negociar con la burguesía, hay que expropiar.

JULIO ANGUITA: Es verdad, Pavón, pero eso implica un Estado de excepción. Suspender libertades. Eso ya no es posible. Ese cambio tiene que ser tan mayoritario que las medidas coercitivas no pueden ser vistas como tan excepcionales. La revolución tiene que ser por la Democracia y desde la misa. El socialismo cuando se ha convertido en Estado de excepción siempre ha acabado mal.

PAVÓN: Eso no es cierto. No tiene ni debe de haber sangre. Al igual que el Ministerio de Hacienda interviene cuentas, ese ministerio debe expropiar. Poner al procomún los recursos de este país.

DOLORES IBARRURI: No habrá revolución como la Rusa o la China. Se llegará a un momento donde la revolución llevada a cabo por la mayoría no sea para expropiar sino para financiar.

PAVÓN (*cara de confusión*): ¿Cómo?

DOLORES IBARRURI: Para financiar la Sanidad, la Educación, la Energía, etc.

TERESA: Veo que cada uno lo tiene claro. Y lo que tiene claro es que no está de acuerdo ni con el de su derecha ni con el de su izquierda. Dejad de discutir y brindemos. Brindemos por lo que sea que venga. Amor Fati, Amor al destino. Aceptaremos lo que venga y estaremos con el que pasa frío, hambre y represión. Puede que seamos nosotros, pero si son otros sabemos que estaremos con ellos. Esta noche es la primera del resto de la eternidad. Sabemos que somos gotas, pero que hemos roto piedras. Los acantilados y las cuencas de los ríos se han hecho de muchas como nosotras. Aunque veamos alrededor desolación y sueños rotos. ¡Seamos venganza de sueños rotos! Y no todo está perdido si tenemos el valor de gritar al viento que ¡Todo está perdido!

TODOS: (*Brindan*). ¡Salud!

Este libro ha sido realizado con la fuente de letra denominada Ibarra Real. Se trata de una bella tipografía histórica española que tiene su origen en la Imprenta Real de España, en tiempos de Carlos III (1759-1788), y que hoy, dos siglos y medio después, ha sido adaptada con el objeto de poder ser utilizada en nuevos soportes y con las actuales tecnologías.

De esta manera Última Línea desea apoyar y contribuir a difundir el extraordinario patrimonio cultural y tipográfico español.